外国人（がいこくじん）にもわかりやすい
イラストだから2時間（じかん）で学（まな）べる

日本（にほん）の介護（かいご）

We Net ウイネット出版

はじめに

　2016(平成28)年12月末現在、約3,423万人の高齢者がいます。そのうち約18％にあたる616万人が要支援・要介護者に認定されています。日常生活に介護が必要な高齢者が増加しているのが現状です。また、一方で老々介護、遠距離介護、独居高齢者、シングル介護など現代特有の問題があります。介護はすべての人に他人事ではなくなった問題であると言えます。

　介護は、日常のごくありふれた行為から成り立っています。介護をうける高齢者は、日常のあたり前の行為（食事・排泄・更衣・入浴など）が自分ひとりではできず、だれかの援助を受けなければならない状況にあります。介護の「介」という字には「たすける・世話をする」という意味があります。また、「護」を訓読みすると「まもる」となり、その意味は「まもる・たすける」です。どちらの字も「たすける」という意味を持っています。ここに介護の原点があります。高齢社会を考える場合、〈介護〉は一番身近な問題で、最も基本になる部分を担うものといってよいのではないでしょうか。介護は誰にでもできるやさしい行為であるかのようにとられがちですが、人間的な思いやりや優しさに裏打ちされた、合理的な介護技術の集積した行為なのです。

　筆者はこれまで25年間の訪問看護活動を通じて、多くの高齢者や家族の方々との出会い、さまざまな問題に遭遇する中で、よい解決策がないものかと悩んだり考えたりしてきました。私達のこれまでの多くの体験の中から得られた介護のアイディアと工夫などをこの本にまとめてみました。

　本書は多くのイラストに添って、介護のポイントがわかりやすく表現されています。高齢者の多くは例え病気や障害を持っていても、長年住み慣れた自分の家で家族と一緒に生活し、自分のことは自分でしたいと思っております。高齢者の介護を考えるとき、この本が少しでも多くの方のお役に立てることを心から願っています。

2019年2月

翻訳文ダウンロードのご案内 Hướng dẫn tải văn bản dịch

当書籍を効果的に学習していただくために、以下のデータをダウンロードすることができます。
Để việc học cuốn sách này có hiệu quả, bạn có thể tải dữ liệu bên dưới.

●ベトナム語翻訳文　PDFデータ
Văn bản dịch sang tiếng Việt　File PDF

上記のデータをダウンロードいただくには、Webサイトにて以下のユーザー名およびパスワードが必要になります。
Để tải dữ liệu ở phía trên, cần phải điền vào trang web tên người dùng và mật mã như bên dưới.

| ユーザー名 Tên người dùng | kaigo | パスワード Mật mã | WENet |

なお、上記のユーザー名、パスワードはご購入者様だけにお知らせしているものです。お取扱いには、十分なご配慮を
Ngoài ra, tên người dùng và mật mã trên chỉ thông báo đến người mua sách.Sau khi đã quan tâm sử dụng, xin vui lòng chỉ khách đã mua sách
いただいた上、ご購入者様本人のみのご使用をお願いいたします。ご利用手順は、次のとおりです。
mới được sử dụng. Tiếp theo là trình tự sử dụng.

データ ダウンロードの手順 Trình tự tải dữ liệu

①ウイネットWebページ https://wenet.co.jp/nihonnokaigo/ を開く。
　Mở trang web theo đường dẫn http://wenet.co.jp/nihonnokaigo/

②ログイン画面で、ユーザー名およびパスワードを入力する。
　Ở trang đăng nhập, nhập tên người dùng và mật mã.

③ダウンロードしたい項目を選択する。
　Lựa chọn hạng mục cần tải.

※ダウンロードデータの内容は、お断りなしに変更する場合があります。
　Chú ý: Có trường hợp thay đổi nội dung dữ liệu tải.

もくじ

はじめに　　　　　　　　　　　　　　　　　　　　　　2

もくじ　　　　　　　　　　　　　　　　　　　　　　　4

寝たきりゼロへの10か条（厚生労働省）　　　　　　　　6

病気やケガなどで寝こんだ時のお年寄りの変化　　　　　7

日常生活の中で心がけたい 観察のポイント　　　　　　8

部屋の環境	・寝室	10
	・部屋の温度、冷暖房など	11
寝具	・ふとん・ベッドの整え方	12
	・ベッドメイキング	13
	・シーツのいろいろ	14
	・ネットのシーツ	15
ベッドの整え方	・介護用ベッド	16
ベッドサイド用品	・移動用リフトその他	17
シーツ交換・寝たままでの交換	・ひとりで交換する場合	18
寝る姿勢	・楽な側臥位を保つための工夫　他	19
寝まきについて	・選ぶ時のポイント	20
寝まきの主なタイプ	・理想的な寝まきの例	21
寝まきの着せ替え方	・ゆかたの場合	22
	・パジャマを着せる場合	24

移動のお世話	・横へ寄せる	26
	・近くへ運ぶとき　他	27
	・基本的な座らせ方	28
	・車いすについて	30
	・乗せ方	31
	・車いすの操作方法	32

排泄のお世話	・ポータブルトイレ・トイレの工夫のいろいろ	34
	・ポータブルトイレへの移動	35

	・尿器のいろいろ	36
	・便器(差し込み式)のいろいろ　他	37
	・おむつは最後の手段に	38
	・おむつカバー・おむつについて	39
	・紙おむつの当て方、替え方	40

清潔のお世話

- 整髪　42
- ひげそり　43
- 目の手入れ　44
- 耳の手入れ　45
- 鼻の手入れ　46
- 口の手入れ　47
- 爪の手入れ　48
- 皮膚の手入れ　49
- 洗髪　50
- 手浴・足浴　51
- 陰部浴　52
- 清拭　53
- 全身清拭　54
- 入浴　55
- 入浴の方法いろいろ　56

食事のお世話

- 食べる時のポイント9か条　58
- 座って自分で食べられる場合　60
- 自分で食べられない人　62
- 口から食べられない人　63

床ずれの予防とお世話

- 床ずれとは　64

介護する人される人

- 腰痛、肩こりを防ごう　66
- 上手に介護するためのポイント　68

まさかの時のために　70

寝たきりゼロへの10か条（厚生労働省）

第1条
脳卒中と骨折予防
寝たきりゼロへの第一歩
●寝たきりの大きな原因となる、脳卒中や骨折を予防しよう。

第2条
寝たきりは 寝かせきりから作られる
過度の安静 逆効果
●お年寄りを"寝かせきり"にしないよう気をつけよう。

第3条
リハビリは 早期開始が効果的
始めよう ベッドの上から訓練を
●早くリハビリを始めた方が、機能の回復も良い。

第4条
くらしの中でのリハビリは
食事と排泄 着替えから
●日常生活での基本的な動作を通してリハビリを。

第5条
朝おきて 先ずは着替えて身だしなみ
寝・食分けて生活にメリとハリ
●規則正しく活動的な、メリハリのある生活パターンを。

第6条
「手は出しすぎず 目は離さず」が介護の基本
自立の気持ちを大切に
●できることはなるべく自分でやってもらおう。

第7条
ベッドから 移ろう移そう車椅子
行動広げる機器の活用
●介護機器・介護用品を、上手に積極的に利用しよう。

第8条
手すりつけ 段差をなくし住みやすく
アイデア生かした住まいの改善
●事故を防ぎ、行動範囲が広がるような住宅整備を。

第9条
家庭でも社会でも よろこび見つけ
みんなで防ごう 閉じこもり
●家庭内での役割を持ち、社会とのかかわりを大切に。

第10条
進んで利用 機能訓練 デイ・サービス
寝たきりなくす 人の和 地域の和
●福祉サービスの積極的な利用と、地域ぐるみの対策を。

病気やケガなどで寝こんだ時のお年寄りの変化

お年寄りが寝こんだ時、どのようなことが起こりやすいかを知っておきましょう。寝たきりにしないために重要なことです。

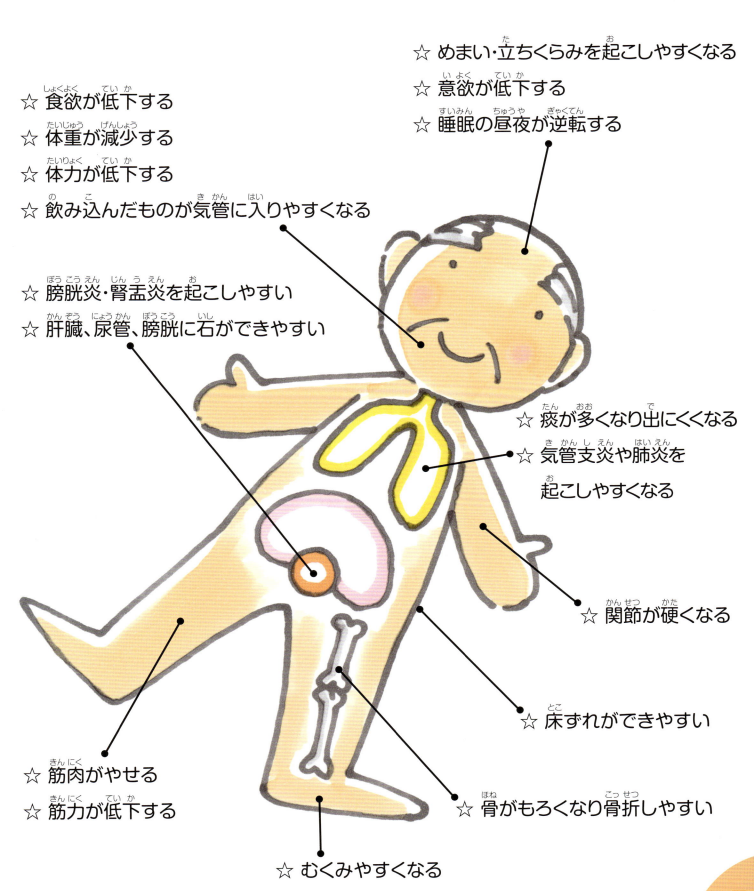

- ☆ 食欲が低下する
- ☆ 体重が減少する
- ☆ 体力が低下する
- ☆ 飲み込んだものが気管に入りやすくなる
- ☆ 膀胱炎・腎盂炎を起こしやすい
- ☆ 肝臓、尿管、膀胱に石ができやすい
- ☆ 筋肉がやせる
- ☆ 筋力が低下する
- ☆ めまい・立ちくらみを起こしやすくなる
- ☆ 意欲が低下する
- ☆ 睡眠の昼夜が逆転する
- ☆ 痰が多くなり出にくくなる
- ☆ 気管支炎や肺炎を起こしやすくなる
- ☆ 関節が硬くなる
- ☆ 床ずれができやすい
- ☆ 骨がもろくなり骨折しやすい
- ☆ むくみやすくなる

日常生活の中で心がけたい 観察のポイント

1 体温

・いつもと変わらないか。
・汗をかいていないか。
・手足が冷たくないか。

・耳穴体温計
　1秒で測定できます。

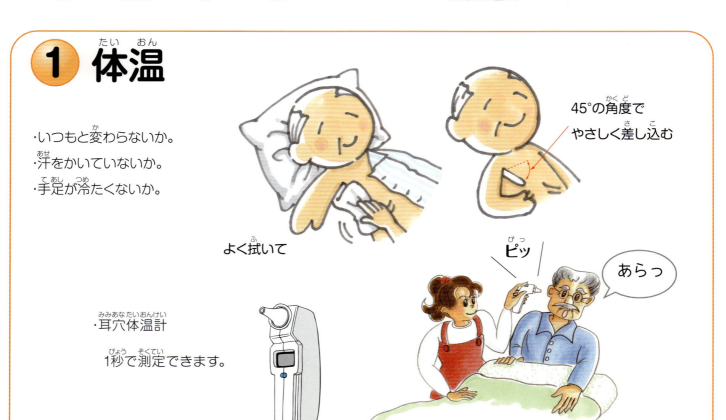

よく拭いて
45°の角度でやさしく差し込む
ピッ
あらっ

2 脈拍

・1分間の脈拍数を測る。
（成人は1分間に約60～80回）

・脈の強さと規則正しいリズムであるか調べる。

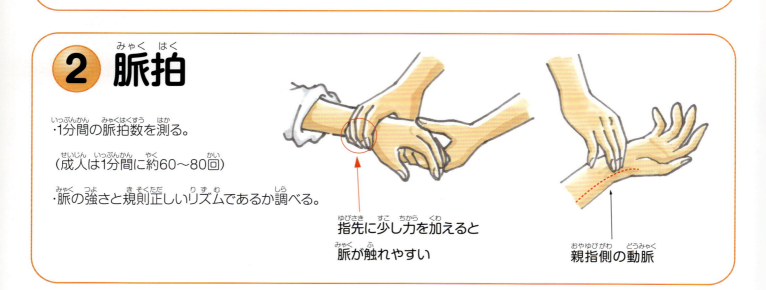

指先に少し力を加えると脈が触れやすい
親指側の動脈

3 呼吸

・普段と比較してみる。
・速くなっていないか。
・1分間の呼吸数を測る。
（成人は1分間に約15～20回）

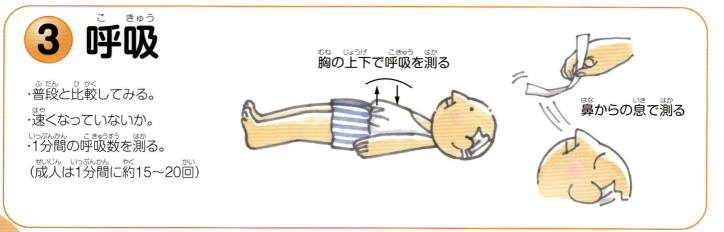

胸の上下で呼吸を測る
鼻からの息で測る

④ 血圧

- 家庭用の血圧計で測定する。
- 異常があれば、かかりつけの医師に連絡する。

⑤ 食事

- 食欲はあるか。
- 食事の量は変わらないか。
- 歯の具合はよいか。
- 口の中は清潔にできているか。
- 体重も時々チェックする。

よくかんでね。

何キロかな？

⑥ 睡眠

- よく眠れるか。
- 睡眠時間・眠りの深さ・睡眠の時間帯を調べる。
- 眠れない場合、その原因を調べる。

昼寝はほどほどに

⑦ 水分

- お茶や水の摂取量に変化はないか。
- 舌や口唇は乾いてないか。
- お年寄りはあまり喉の渇きを訴えない。

⑧ 皮膚

- お年寄りの皮膚は傷つきやすい。赤くなっていないか。
- むくんでいないか。痛みや腫れはないか。

⑨ 排泄

- 便や尿の状態や回数がいつもと変わらないか。
- 便秘をしていないか。
- 失禁がある場合、その原因を調べる。

⑩ 気分

- 普段と比較してみる。元気がなくないか。
- ボーっとしていないか。うつらうつらしていないか。
- 落ち着かない様子はないか。

部屋の環境

寝室 自分で 動けない 人に とっては 一日中を 過ごす 場所と なります。家庭の 温かさが 伝わる 気持ちの よい 部屋に してあげましょう。

❶ 家族が 気軽に 声を かけられる 場所を

❷ 台所や トイレに 近いこと

❸ 明るく 日当たりの よい 部屋を

明るく 日当たりの よい 部屋は 衛生的で、しかも 動く 意欲を 起こさせます。

やさしさワンポイント

● 専用の 部屋が とれない 場合は カーテンや ついたて などで プライバシーを 守り、気持ちが 落ち着くように してあげます。

部屋の温度、冷暖房など

お年寄りは体温調整機能や抵抗力が弱まり、急激な室温の変化に順応できず風邪をひきやすくなります。

① 温度差に注意する。

室温
冬は 摂氏20〜22度
夏は 25〜26度前後
湿度は 60％前後

② きれいな空気を保つための換気が大切。

「換気は1時間に1回、1分間を目安に」

③ 一週間に一回、エアコンのフィルターの掃除をする。

寝具

ふとん・ベッドの整え方

● 無駄な動作を避けるために、シーツ類のたたみ方は一定にしておく。

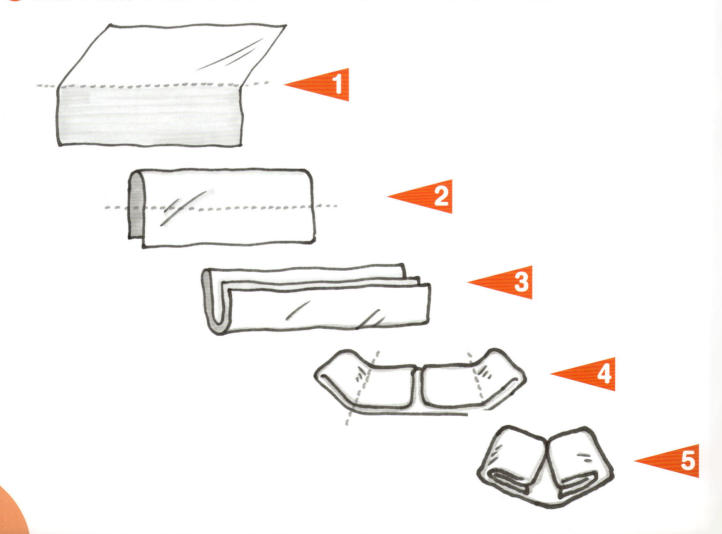

ベッドメイキング

1 シーツの中心とベッドの中心を合わせておき、上下・左右を広げる。

2 ベッドに近い方の腕でマットレスを持ち上げ、頭部の折り込み分のシーツをしっかりと引きながら伸ばして入れる。

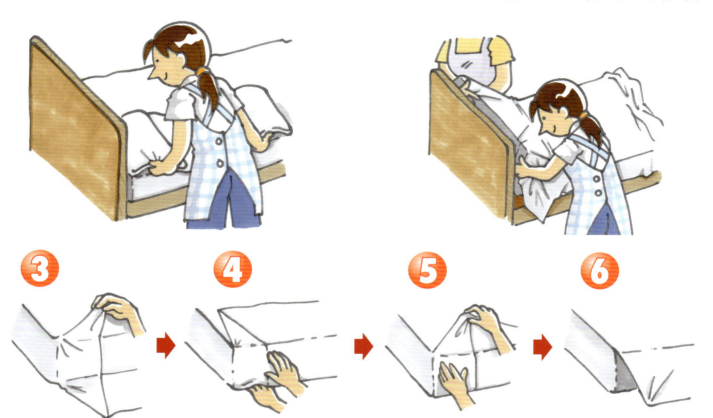

3 → **4** → **5** → **6**

垂れている部分のシーツを、平らにマットレスの下に全部挿し入れる。

7

8 シーツの三角コーナーの出来上がり。

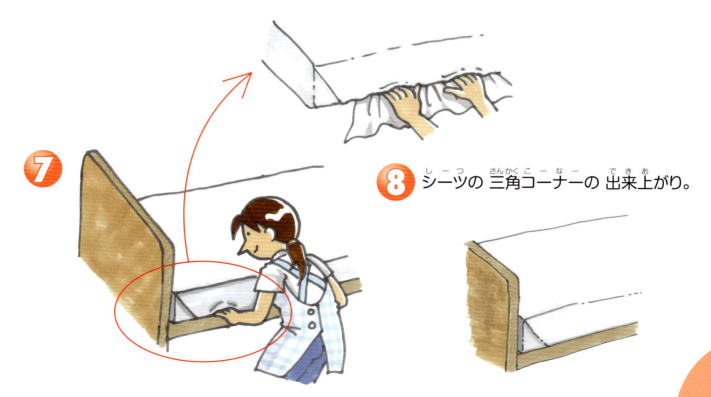

寝具

シーツのいろいろ

- 防水シーツを 使用の 場合は、必要部位に 敷く。

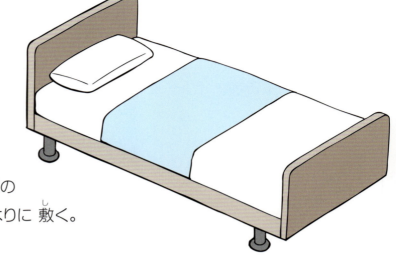

　　※失禁がある 場合は ベッドの 中央ではなく 少し 頭部よりに 敷く。

- 紙おむつを 利用した 防水シーツの 作り方。

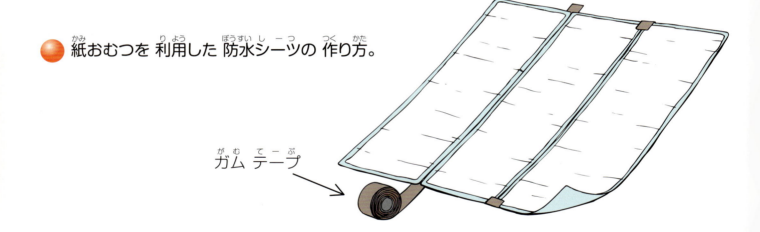

ガム テープ

- 大きめの バスタオルを 敷くのも 良い。
- 上に 寄せるのに 簡単。
- 汚れたら すぐに 交換できる。

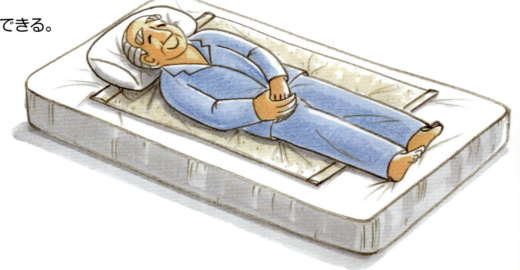

ネットのシーツ

- メッシュで 弾力がある。
- 通気性が 良い。
- 直接 肌に 当てない。

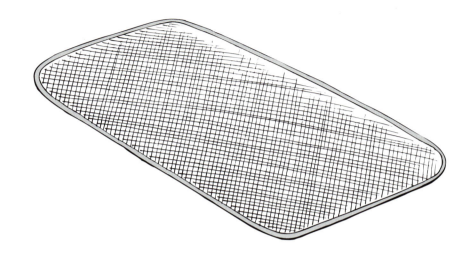

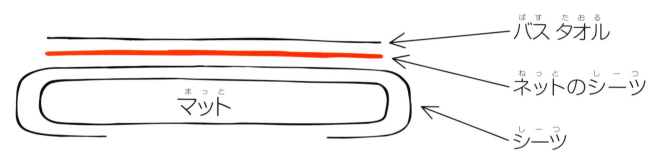

- バスタオル
- ネットのシーツ
- マット
- シーツ

やさしさワンポイント

● ゴムが 入った物は 取り替えが 簡単。

15

ベッドの整え方

介護用ベッド

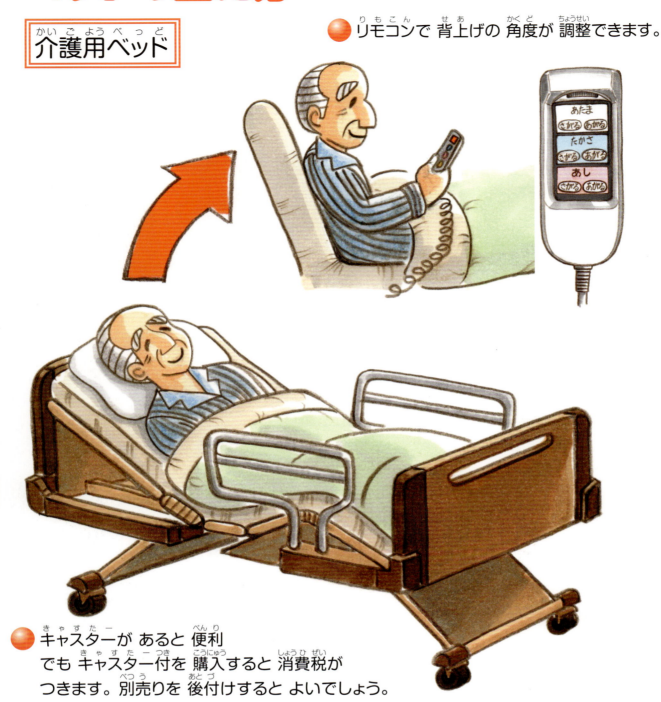

- リモコンで背上げの角度が調整できます。

- キャスターがあると便利
でもキャスター付を購入すると消費税がつきます。別売りを後付けするとよいでしょう。

- ひざ上げ
背あげのときにひざも上げるようにします。このようにすると体がずれ落ちるのを防ぐことができます。

- 高さ調整
ベッドの高さも調整できます。

35〜45cm
（動ける人の場合）

ベッドサイド用品

移動用リフトその他

● スイング アーム 介助バー
回転することにより、起き上がりや移動を 助けます。

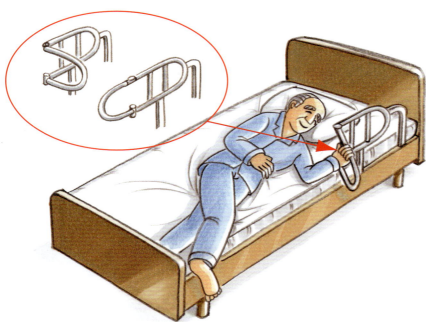

● オーバー ベッド テーブル

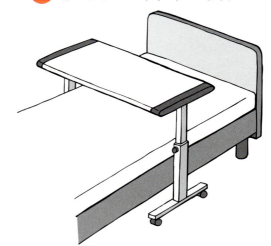

● ベッド サイド テーブル

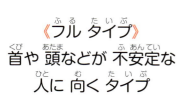

《フル タイプ》
首や 頭などが 不安定な
人に 向く タイプ

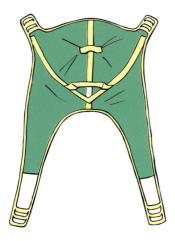

《ハーフ タイプ》
首や 頭が しっかり
している 人 向き

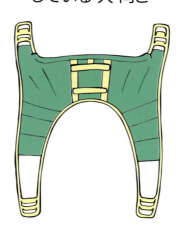

● 移動用 リフト
簡単な 手元 スイッチで 使用でき、ベッドから 車いすや トイレ・浴室などに移動する 時に 使います。

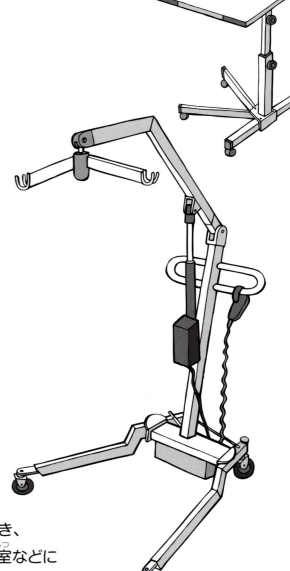

シーツ交換・寝たままでの交換

ひとりで交換する場合

① ベッド中央から手前に引き寄せる。

② 古いシーツの手前半分をはがし、体の下に寄せる。

※介護者の反対側には必ず柵をしましょう。

③ 新しいシーツを手前半分に広げ、余分なシーツをマットの下に入れる。

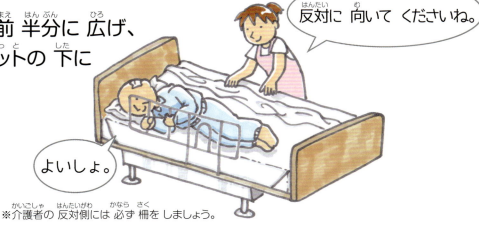

※介護者の反対側には必ず柵をしましょう。

④ 新しいシーツの上にお年寄りを移す。古いシーツをとり、新しいシーツを広げる。

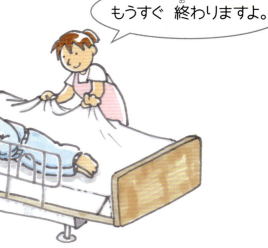

寝る姿勢

楽な側臥位を保つための工夫

● 身体を横に向けたら、楽な姿勢を保つために、各所に当て物をする。

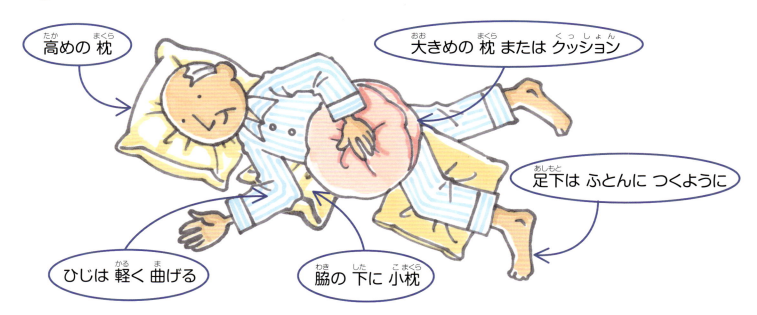

- 高めの枕
- 大きめの枕またはクッション
- 足下はふとんにつくように
- ひじは軽く曲げる
- 脇の下に小枕

呼吸器や心臓が悪い場合

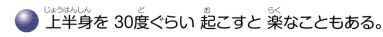

● 枕を低くすると呼吸しやすい。

● 上半身を30度ぐらい起こすと楽なこともある。

尖足を防ぐ工夫

● 足首、足先を動かす。

● 座布団を折った物を当てる。

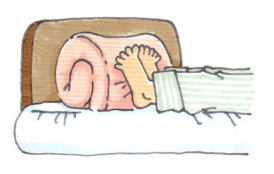

寝まきについて

選ぶ時のポイント

- お年寄りの 体の 状態や 好みで 形を 選ぶ。

- ゆったりとして、着脱の 楽なものが 良い。

- 肌ざわりが 良く、吸湿性、通気性に 富む 木綿が 最適。

- 消臭剤 入りの 洗剤も ある。

- 汗を かくと、べとつき、かたいと 床ずれの 原因となるので、のりづけしない。
  ※汚れが 落ちやすいという 利点もあるので 使う時は うすく のりづけする。

- 衣類が かたくなったら、柔軟剤を 使うのも 一案。
  ※ただし、汗の 吸収が 悪くなる タイプも あるので 要注意。

寝まきの主なタイプ

理想的な寝まきの例

- そでつけを広くとる。
- 背ぬいがない。
- ひも結び。
- ぬい目が外側にあり、皮膚を刺激しないようになっている。
- 着丈は短く。
- すそが割れて、すそさばきが楽にできるようになっている。

《前開きファスナー》

ファスナーで前が開く。
ファスナー位置は脇、内側などいろいろ。

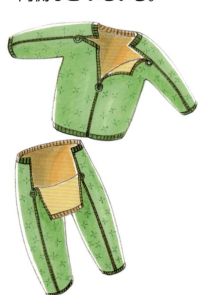

《パジャマの改良》

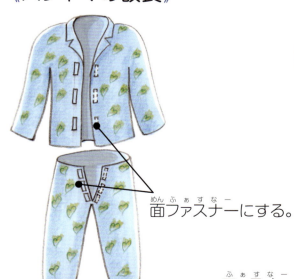

面ファスナーにする。

《二部式寝まき》

汚れたら下（上）だけ替えられる。

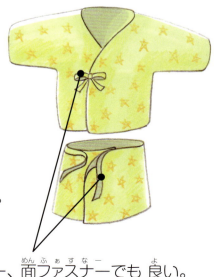

ファスナー、面ファスナーでも良い。

寝まきの着せ替え方

ゆかたの場合

❶ 腰ひもを ほどき、体を 横向きにする。
古い 寝まきの 襟を 開き、肩から 脱がせる。
肘を 少し 曲げて 引くと 楽に 脱げる。

（寝まきを 着替えましょうね。）
（はい。）

※P23の やさしさ ワンポイント 参照

❷ 体を 横向きにしたまま、新しい 寝まきの
袖に 腕を 通し、体に かける。

（袖を 通しますよ。）
（はい。）

❸ 古い 寝まきを 内側に 巻き込んで、体の 下に 押し込む。
新しい 寝まきを 背中の 中心に 合わせ、
身ごろを 下に 敷き込む。

❹ 体を あおむけにして、古い 寝まきを 脱がせ、
新しい 寝まきを 引き出し、袖を 通す。

（こちらの 袖を 通しますよ。）

❺ 交換用の 寝まきの 袖口から、介護者の 手を 入れ、お年寄りの 肘から 下側を 支えるように 持って 袖を 通す。

❻ 袖を 合わせて、すそを 整え、ひもを 結ぶ。

「きつくない ですか？ さっぱり しましたね。」

「大丈夫よ。」

■アドバイス

まひがある 場合は まひ側から 着せる。脱がす時は 健康側からが 基本です。着患脱健で 覚えましょう。

やさしさ ワンポイント

● ゆかたを 上手に 脱がせる こつ

ゆかたを 脱がせる 方向　　　ひじを ぬく 方向

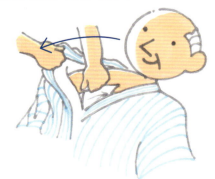
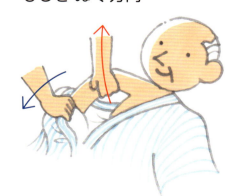

寝まきの着せ替え方

パジャマを着せる場合

① 膝を立てて両足を通す。
（膝を上げてもらうと楽にできる）

② 横向きにして片側を上げる。

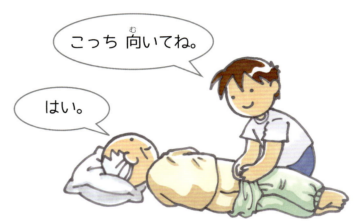

③ 反対向きにしてもう片側を上げる。
しわを直す。

④ まず首を通す。

⑤ 腕を通す。

⑥ 身ごろを整える。しわを直す。

※脱がせる場合は、この逆の手順になります。

やさしさワンポイント

●かぶり式の上着の着せ方、脱がせ方

●ズボンの上手なはかせ方

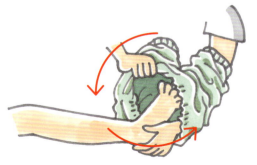

かかとを支えて足を通す。

顔に当たらないように通す。

移動のお世話

横へ寄せる

① 腕を 組ませ、膝を 立たせて、一方の 手で 頭と 肩を 支え、もう 一方の 手は 腰の 下に 深く 差し入れて、上半身を 引き寄せる。

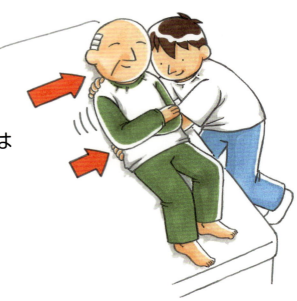

② 腰と 太ももの 下に 手を 差し入れ、下半身を 引き寄せる。

※下半身から 先に 寄せても よい。

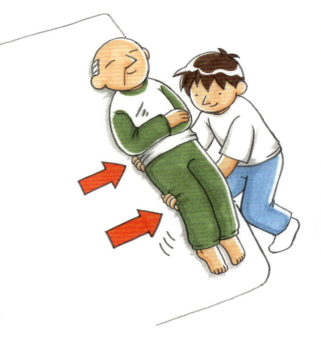

● 介護者の 基本姿勢

●できるだけ お年寄りの 体に 近づいて
ベッドの 場合：足を 大きく 開き、膝を 軽く 曲げて 重心を 下げる。
ふとんの 場合：片方の 足は 膝を 折り、もう 片方は 立て膝にして、股を 少し 斜めに 開いて しゃがむ。

近くへ運ぶとき

● ひとりでの 移動

上に バスタオル または 毛布

下に ビニールを 敷くと、すべって 楽に 動く

● ふたりでの 移動

膝を 曲げる

必ず 手を 前で 組む

バスタオルを 2枚 重ねて（安全のため）
または 毛布 1枚を ふたつ折り

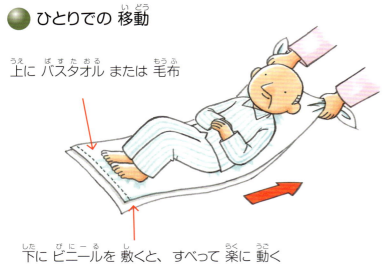
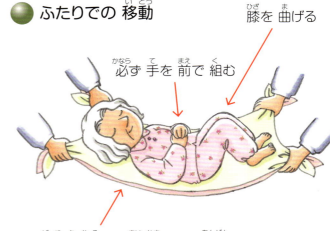

上へ寄せる

● 膝を 立たせ、一方の 手は 頭の 下から 向こう側の 脇の 下へ まわし、もう 一方の 手は お尻の 下に 深く 差し入れ、つま先を お年寄りの 頭の 方に 向けて 上へ 押し上げる。

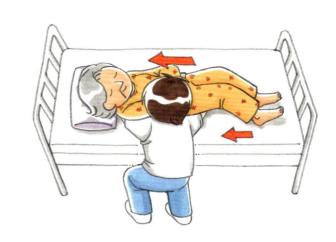

● こんな 方法も あります。
肩の 下から 両脇に 手を 入れて、お年寄りの 頭の 方から 引き上げても よい。

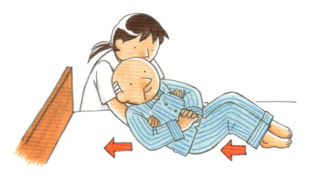

■アドバイス

足の 力がある 場合は、お年寄り 自身が 上に 上がろうとする 力と、介護者の 力とが 一致するように、「1、2の3」と 声を かけながら 呼吸を あわせて 移動しましょう。

移動のお世話

基本的な座らせ方

動けない 人でも、寝かせきりにして おかないで、日中は できるだけ 座位で 過ごさせて あげたいものです。

ベッドの 場合 ①

① 手前の 方へ 寝返りをさせてから、片手で 腰を 支え、もう 一方の 手で 両足の 膝から 下を ベッドから 下ろす。

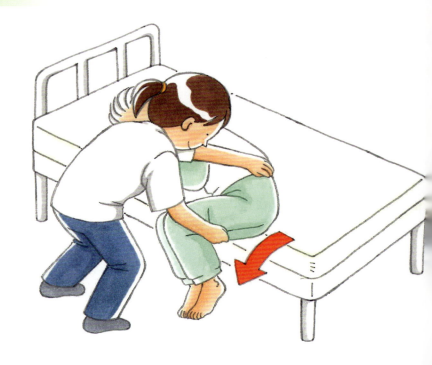

② 片手を 下側の 肩の 下に 差し込んで、肩甲骨を しっかり 支え、もう 一方の 手で 上側の 肩を 支えて 体を 起こす。

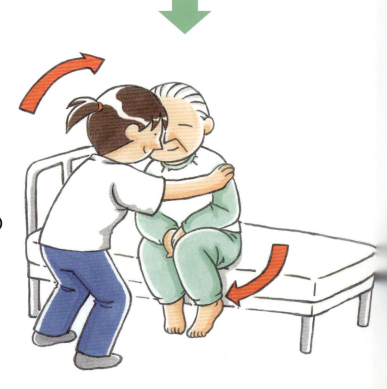

ベッドの 場合 ②

❶ ベッドの 端に 移動させてから、片方の 手を
脇の 下から 差し入れて 頭と 肩を 支え、
もう 一方の 手で 膝の 裏側を 支える。

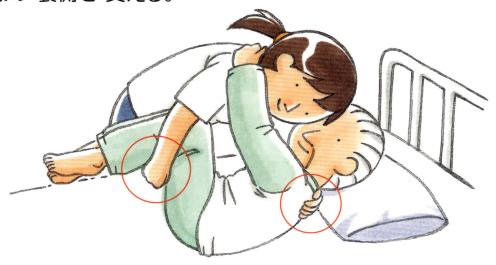

❷ お尻を 中心として 円を 描くように、
足を 手前に 引きながら
上半身を 起こす。

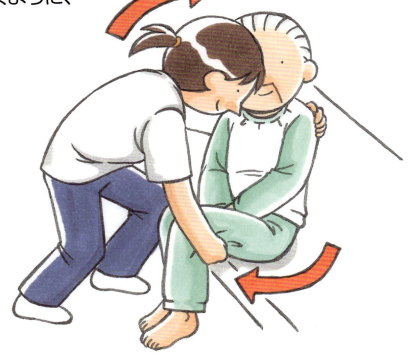

※最初に 手前の 方へ 寝返りをさせておくのも 良いです。

移動のお世話

車いすについて

● 体に あった 車いすを 選ぶには…
シートの 高さ、幅、奥行き、肘かけや 背もたれの 高さなどに 気をつけて

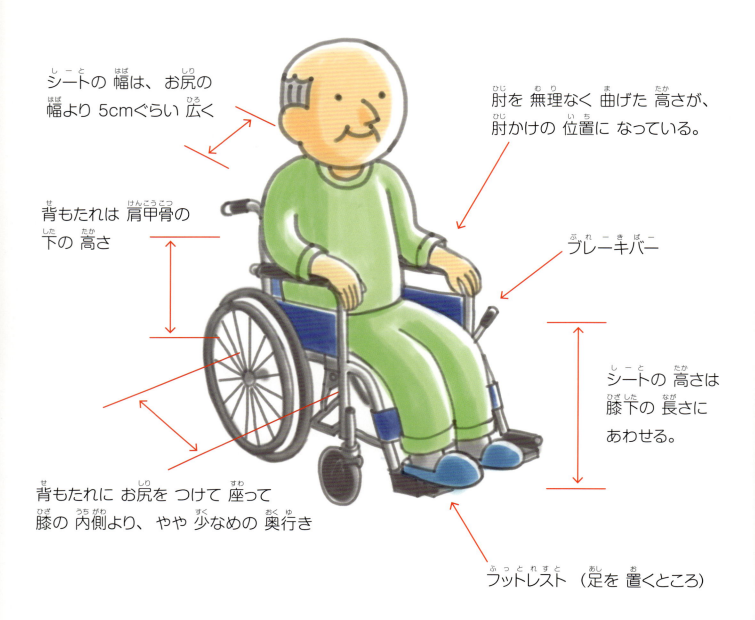

シートの 幅は、お尻の 幅より 5cmぐらい 広く

背もたれは 肩甲骨の 下の 高さ

背もたれに お尻を つけて 座って 膝の 内側より、やや 少なめの 奥行き

肘を 無理なく 曲げた 高さが、肘かけの 位置に なっている。

ブレーキバー

シートの 高さは 膝下の 長さに あわせる。

フットレスト（足を 置くところ）

※軽くて 折りたためるものや、電動型のものも あります。

乗せ方

① 介護者は、お年寄りの 両足を 外側から はさむように 立ち、腰を 支えて 立ち上がらせる。

ベルトを つかんだり、腰に 力帯を 巻くと、体を 支えやすい。

② お年寄りの 膝を 介護者の 膝で 支えながら、車いすの 方へ お尻を 向ける。

③ ゆっくりと 腰を おろさせる。

「1、2の3」と 声を かけながら、お年寄りにも 協力してもらうと よいでしょう。

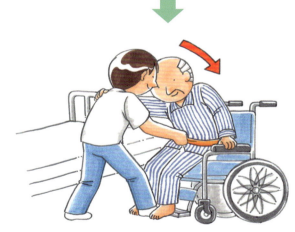

■アドバイス

①乗り降りの 時には 必ず ブレーキを かけ、足を ひっかけないように フットレストは 上げておきましょう。

②動かしている 時に 車輪に 衣服が からまったり、肘かけに 物が ひっかかったり しないように 気をつけましょう。

③動かないで 座っている 時にも、必ず ブレーキを かけておきましょう。

移動のお世話

車いすの操作方法

段差の 上がり方

● **前向きで**

ティッピングバーを 踏んで 前輪を 浮かし、握りを 下げ、段の 上に 前輪（キャスター）を 乗せ、後輪（大車輪）が 同じ 段に ぶつかったところで 握りを 持ち上げながら、前に 出します。

キャスターを 上げる。
キャスターを 段に 乗せる。

段差に 沿って すり上げるように
後輪を 押し上げる。

段差の 下り方

● **後ろ向きで**

介護者が 後ろ向きになり、握りを しっかり 持ち上げて 後輪を 静かに 落とします。

後輪を 段に 沿って 下ろす。

キャスターを 上げたまま、後ろに 引く。
キャスターを 下ろす。

坂道の 上り方・下り方

上り坂

介護者は 体を 少し 前傾して、押し戻されないように しっかり 押す。

ゆるやかな 下り坂

前向きで、車いすを 少し 後ろに 引くようにしながら 前進する。

急な 下り坂

後ろ向きで、一歩一歩 ゆっくりと 下る。
（ブレーキを 軽く かけておくのも よい）

介護者が 後ろ向きで 車いすを 支えながら 下る。

エレベーターの 乗り方、降り方

乗り方

介護者から 先に 乗り、前輪を 浮かして 大車輪のみで 後ろ向きに 乗り、ブレーキを かけます。

降り方

前輪を 浮かし、介護者が 後ろ向きに 降りて 利用者を 降ろします。

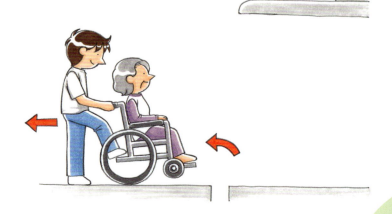

排泄のお世話

ポータブルトイレ・トイレの工夫のいろいろ

● 家具調 ポータブルトイレ

● ポータブルトイレ

● 柵付 ポータブルトイレ

やさしさ ワンポイント

● プライバシーを 大切に

スクリーンを 上手に 使って
隠す 思いやりを。

ポータブルトイレへの移動

❶ 片足を お年寄りの 膝の 間に 差し込んで 両手で 腰を 支えて 立ち上がらせる。

❷ ポータブルトイレの 方に 向きを かえる。

❸ ズボンと 下着を おろし、ゆっくりと ポータブルトイレに すわらせる。

排泄のお世話

尿器のいろいろ

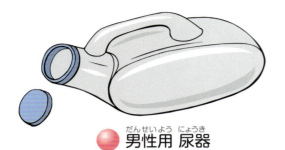
● 男性用 尿器

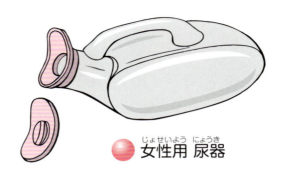
● 女性用 尿器

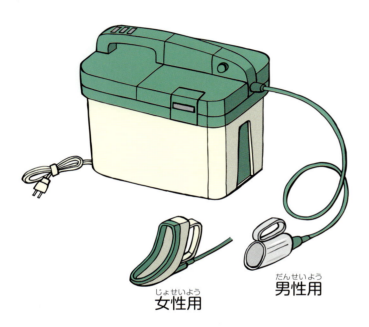
女性用　男性用
● 自動 採尿器
尿を 感知して 自動的に 吸引してくれる。

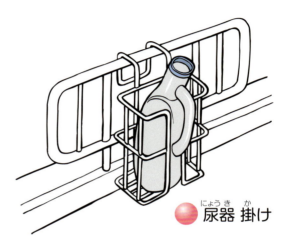
● 尿器 掛け

● 空箱を 利用した 尿器 掛け

やさしさ ワンポイント

●酸性の トイレ用 洗剤で 尿の 汚れが よく 落ちるよ。

便器(差し込み式)のいろいろ

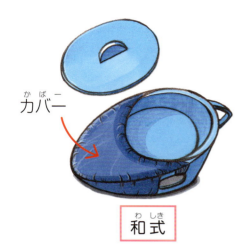

カバー
和式

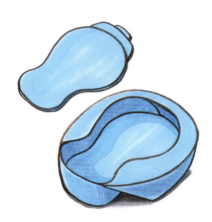

洋式

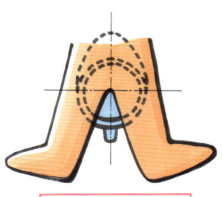

便器の差しこみ位置

便器の当て方

《腰上げができる場合》

● 少し膝を開いて足を立たせ「1・2の3」の掛け声で腰を上げてもらい便器をあてがう。

「1・2の3。」

腰が少ししか上げられないお年寄りの場合、介護者は片側の腕をお年寄りの腰の下に深く差し込み、2人で呼吸をあわせて腰を上げる。

《腰上げができない場合》

❶ 便器を横向きで当てる。

「このへんでいいかしら。」
「うん。」

❷ 便器がずれないように支えながらあおむけにもどす。

「いたくないですか？ゆっくり、ゆっくり。」

37

排泄のお世話

おむつは最後の手段に

おむつを 使う 前に 次のような 工夫をしてみて ください。

- どんな パンツが いいか 相談しながら 決めましょう。

「どんな パンツが いいかしら？」

「そうね…．」

- ポータブル トイレを 使うか 相談して 決めましょう。

「ポータブル トイレを 使ってみる？」

「それは いい アイディアね。」

■アドバイス

どうしても 失敗が 続くなら、おむつを 使わざるを 得ません。また、夜間は 無理に 起こしたりせず、おむつを 当てて ゆっくり 休んでもらった 方が 良いでしょう。

おむつカバー・おむつについて

● オープン式（前下開き型）

● オープン式（全開型）

● パンツ式

● T字帯式（ビキニスタイル）

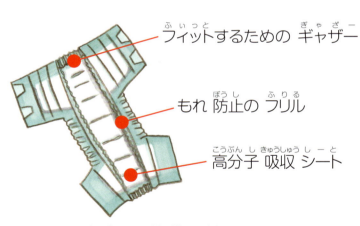
- フィットするためのギャザー
- もれ防止のフリル
- 高分子吸収シート

● おむつカバー併用型の紙おむつ

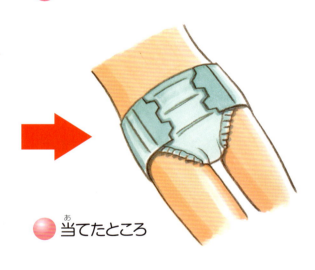
● 当てたところ

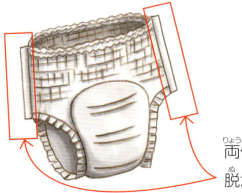
両側を破ると脱がせやすい。
● リハビリパンツ（紙製）

■ アドバイス

市町村によっては紙おむつ（尿とりパッドも）を無料給付してくれます。お住まいの市町村役場にお問い合わせください。

排泄のお世話

紙おむつの当て方、替え方　尿とりパッド併用

❶ 紙おむつの テープを はずし、おむつを 開いて、汚れた おむつを 丸める。

※汚れが 内側に なるように おむつを 丸める。

❷ 横向きにして、臀部、陰部を ちり紙、おしぼり 等で きれいに 拭く。

❸ 新しい おむつを 半分ほど 丸めるか、少し 折りたたんで 差し込む。

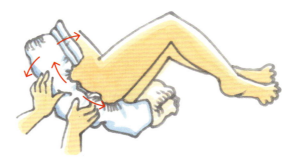

❹ 反対側に 向け、汚れた おむつを 取る。

※よく 拭けていない ところを もう 一度 拭いておきましょう。

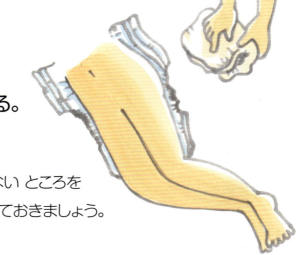

⑤ 新しい おむつを 引き出す。

《男性用 尿とり パッド》

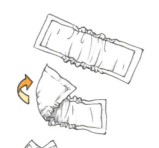

 先に 穴が できないように
気をつけて!!
おしっこが もれちゃいますよ!

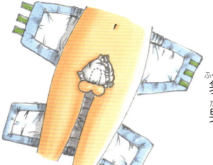 袋状にした 尿とり パッドに
男性器を 入れて 腹部側へ 倒す。

《女性用 尿とり パッド》

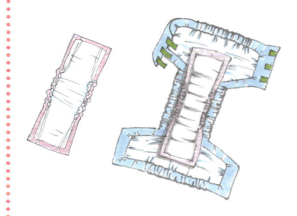

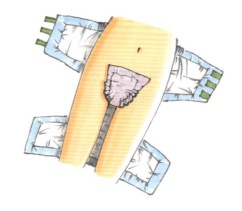

⑥ あおむけにして、おむつを 当てる。

清潔のお世話

整髪 毎日、髪を とかすように 心がける。

- 🔵 自分で とかせる 場合は
リハビリにもなるよ。

- 🔵 寝たままの 人は
顔を 横に 向けて、左右 半分ずつ とかします。

- 🔵 髪が もつれた 時は
ヘアローションか、ぬるま湯に アルコールを 少量 おとしたものを クシに 付け、少しずつ 分けながら とかします。

やさしさ ワンポイント

- ●髪は 短い 方が 清潔で、手が かからず 介護者には 好都合ですが、特に 女性の 場合は、決して 切ることを 強要しては いけません。

- ●市町村に よっては、理美容師の 巡回 サービスや ボランティア 活動などを 利用できるので、問い合わせてみると よいでしょう。

ひげそり

1 そりはじめる前に
お年寄りの皮膚はしわが多く、乾燥しているので傷つけないように蒸しタオルで温めたり、石けんで泡立てた後でそるのが良い。

2 電気かみそりでそる時は
皮膚をひっぱってそると、そりやすい。
※電気かみそり用のひげそりローションが市販されている。
電気かみそりの滑りが良くなり、そりやすくなり、
かみそりまけをおこしにくい。

《かみそりの選び方》

- 電気かみそり

・最も簡単で安全。でも、ひげが伸びすぎるとそりにくくなるので注意。

- 安全かみそり

・横滑りしても皮膚を傷つけないタイプもあります。

やさしさワンポイント

● 伸びすぎると、そりにくくなります。

● もしも傷つけてしまったら、消毒して絆創膏の様なものを貼っておけば大丈夫。

清潔のお世話

目の手入れ

① 介護者は きれいに **手を 洗う 習慣**を つけ、汚れた 手で 目を 触らないように 注意する。

② ガーゼを 水 または お湯に 浸して 絞った ものを 使う。

※できれば 2%ホウ酸綿や 煮沸綿を 作っておくか 市販の 清浄綿を 使う。

③ 目頭から 目尻に 向かって 拭く。

※同じ 面での 二度拭きは しない!!

《目やにが多い時、取れにくい時に》

お湯に 浸して 軽く 絞った ガーゼを、しばらく 目に あてて、目やにを 柔らかくしてから 拭くと きれいに とれる。

やさしさワンポイント

● 目やにの 量が 異常に 多くなったり 眼球に 充血が 見られる時は、医師に 診てもらいましょう。

耳の手入れ

🔵 **耳の 手入れは 定期的に**

耳あかが 原因で 難聴になることも あるので、
定期的に（週1回 くらい）掃除する。
乾いた 耳あかは 耳かき、湿った 耳あかは
アルコールで 湿らせた 綿棒を 使うと 取りやすい。

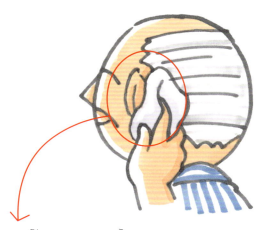

耳たぶや その 後ろも よく 拭いておく。

ひだの 中は 水か アルコールで
湿らせた 綿棒や ガーゼで 拭く。

やさしさ ワンポイント

●耳あかが 硬くなって 取れない時は、
グリセリンや ベビーオイルを 一滴
垂らして 柔らかくし、耳かきか
ピンセットで 取りましょう。

清潔のお世話

鼻の手入れ

1 毎日の手入れ。

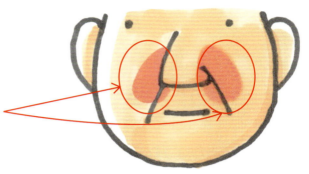

小鼻の脇は汚れやすいので、たびたび拭くようにしよう!

2 鼻くそはためないようにする。
鼻くそがたまったら、綿棒にオリーブオイルなどを付けてそっと取る。

※強くすると鼻血が出るので注意!!

3 鼻をかむ時は片方ずつ!
必ず一方は穴をふさいでおく。

※耳を痛めることがあるので注意!!

やさしさワンポイント

● 鼻毛の手入れも忘れずに!
ハサミで鼻毛を切ることもできますが、最近は電動タイプの便利で安全なものがあります。

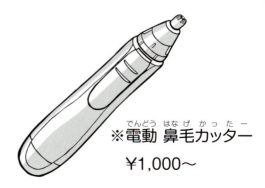

※電動 鼻毛カッター
¥1,000〜

| 口の手入れ | 食事の 後は 歯磨きが 一番!!　でも できない時は…

🔵 指に ガーゼを 巻き付けて、舌や 歯の 汚れを 拭き 取る。

※力を 入れすぎないように

🔵 座って 口を すすぐ。

🔵 奥の 方は 綿棒で そっと。

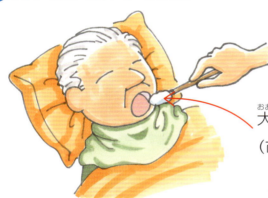

大きめの 綿棒
（市販されている）

🔵 寝たままでも 口を すすぐように しましょう。

やさしさ ワンポイント

●入れ歯を 使った 後は 歯ブラシで よく 磨く。
（入れ歯用の 歯磨き粉を 使ってね）

※入れ歯 洗浄剤を 使う時も 必ず 流水で 洗ってから。

●使わない時は 水の 中で。

※入れ歯が 乾燥すると 合わなく なることがある。

清潔のお世話

爪の手入れ

1 爪が 伸びていると 不潔に なりやすく、皮膚を 傷つけ 感染の もとになる。
入浴、手浴、足浴の 後が 柔らかくなって 切りやすい。

2 手を 机や ふとんの 上などに 置いて、しっかり 指先を 持って 切る。

《爪切りの種類》

・カバー付き 爪切り

切った 爪が 飛び 散らない。

・ニッパー型 爪切り

爪白癬（水虫）などで 厚くなった 爪も よく 切れる。

やさしさ ワンポイント

● 深爪しない 工夫

一度に 全部 切ろうとせず、控えめに 切って、後は ヤスリで 揃えましょう。

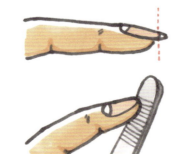

手のひら、足の裏を 介護者の 方に 向けて 指先の 皮膚を 見ながら 切るのも 良いです。

皮膚の手入れ

🔵 お風呂では 石けんを あまり 使わず、また かゆいからといって
ゴシゴシ 強く 洗うようなことは さける。

※ナイロンタオルは 使い方に 注意!!
必要 以上に 皮脂を 取ってしまうため、
人に よっては 皮膚の かゆみが
ひどくなることが あります。

🔵 かさついた 皮膚には ローションなどを つけて うるおいを 与えてみても 良い。

※かゆみ止め ローションは、数種類 市販されていますが、
皮膚に あったものを 選ぶようにしましょう。
あまりに ひどい かゆみの 場合は、
皮膚科の お医者さんに 相談しましょう。

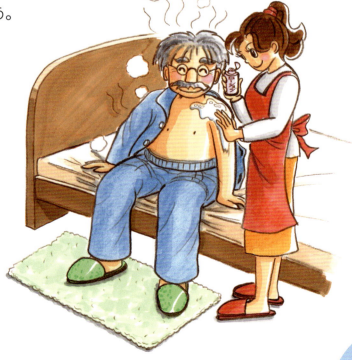

清潔のお世話

洗髪 寝たままで 髪を 洗う。 ※洗髪パッドを 使って

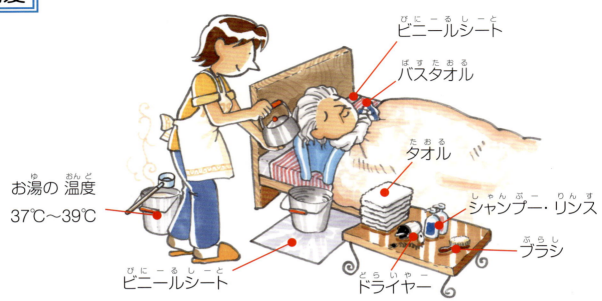

- ビニールシート
- バスタオル
- タオル
- シャンプー・リンス
- ブラシ
- ドライヤー
- ビニールシート
- お湯の 温度 37℃〜39℃

洗髪パッドの 作り方

① バスタオルを 斜めに 折る。

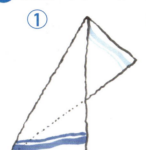

② くるくる 巻いて 両端を 輪ゴムで とめる。

③ ストッキングを かぶせる。

④ ビニール袋 ※ゴミ袋用 (45ℓ用 ゴミ袋)

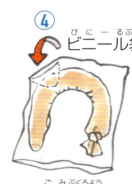

⑤ 両方 折り込む。せんたくバサミで 止める。くぼみを つくる。

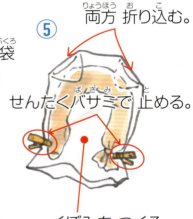

ドライシャンプーには 泡タイプと 水タイプが あるが 泡タイプが おすすめ!

泡タイプの ドライシャンプー (テニス ボール 大) を まんべんなく 髪と 地肌に すり込む。

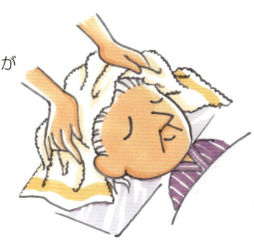

熱い ぬれタオルと 乾いた タオルで 拭いて、髪を 乾かす。
※ドライヤーを 使っても OK

| 手浴・足浴 | 入浴できない 場合は、部分浴をすると 寝つきが 良くなる。

① 手浴
場合に よっては 石けんを 使うと よい。

ぬるめの お湯
※37℃～39℃

ビニールシート

バスタオル

② 足浴
足の 裏を 洗う時は 矢印のように
手早く 少し 強めに。
指の 間は ていねいに 洗う。

身体は あたたかくしておく。

はじめは ぬるめの お湯
※37℃～39℃
後で 40℃程度に なるように さし湯する。

バスタオル

クッション または 枕

ビニールシート

やさしさワンポイント

指の 間が ラクラク 洗える

古い ストッキングの 足先を 切って

輪ゴムで 止める

引っぱって 使う

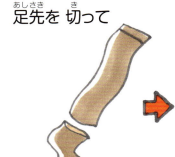

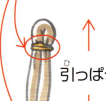

汚れが たまりやすい ところ

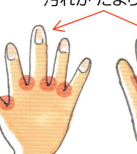

清潔のお世話

陰部浴

● できれば 毎日 やってあげたいものです。
特に おむつを 使用している 人や
陰部の 汚れが ひどい 人には。

お湯
(37℃～39℃ぐらい)

バスタオル

湿らせた 温かい タオルで 土手を 作る。
(衣服を ぬらさないため)

腰 まくら
(クッションや 座ぶとん など)

差し込み 便器

ビニールなど

やさしさワンポイント

●男性の 場合の 陰部 清拭

❶ 包皮を 引き上げて、
包皮 内部・亀頭を 拭く。

❷ 陰のう、陰茎を 拭く。
(睾丸を 強く 押しつけないように)

❸ 性器を 持ち上げ、
股の 間を 拭く。

●女性の 場合の 陰部 清拭

陰唇を 開き、中を 前から 後ろへと 拭く。中心から 徐々に
外側へと 拭いていく。反対にすると、細菌 感染に よる 膀胱炎、
腎盂炎の 原因となる。消毒液や 綿球などを 使うのも 良い。
(薬局、主治医、訪問 看護師に 相談しましょう)

清拭　入浴できない場合でも熱いおしぼりやタオルで体を拭いてあげましょう。

● 清拭のポイント
- 一日のうち暖かい時間帯を選ぶ。
- 食事の前後は避ける。
- 排泄をすませておく。
- 室温は20℃以上に保つ。
- 不必要な肌の露出を避ける。
- 肌を強くこすり過ぎないようにする。
- 乾いたタオルで十分に拭き取る。
- 手早くして疲れさせない。

《熱いおしぼりの作り方》

● 電子レンジを利用する場合　● ビニール袋を利用する場合　● 発泡スチロールの箱を利用する場合

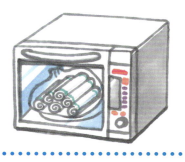  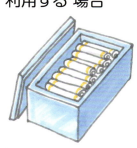

《清拭タオルの作り方》

① 三つ折りになるように両側からたたむ。

② 三つ折りのまま、お湯につける。

③ 固くしぼる。

④ 中央から手前に向けてたたむ。

⑤ 先端を少し内側に折り込む。

⑥ 親指で軽く押さえながら使う。

清潔のお世話

全身清拭

● 矢印のように 拭く。

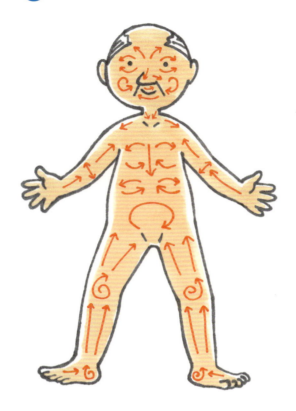
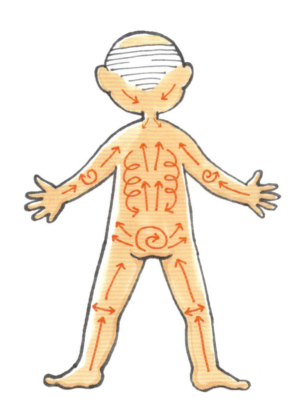

● 足の 裏は 矢印のように、すばやく 強めに 拭く。

やさしさ ワンポイント

●乳房の 周りは 円を 描くように 拭きます。
特に 乳房の 下は 汗が たまりやすいので、
念入りに 拭きましょう。

入浴

- 体調の 悪い時は、無理をせず、入浴は 見合わせる。

  ※熱が 無くても、本人が 望まない時は
  　無理強いせず 様子を 見ましょう。

- お湯に つかるのは 胸から 下ぐらいにする。

- お湯に つかる 時間は 10分程度にする。

- お湯の 温度は 38℃～40℃ ぐらいにする。

- 入浴後は 水分補給をする。

  ※脱水症の 予防のため。

清潔のお世話

入浴の方法いろいろ

● 浴そうを 工夫して

すべったり 転倒したりしないような 配慮を 十分に。

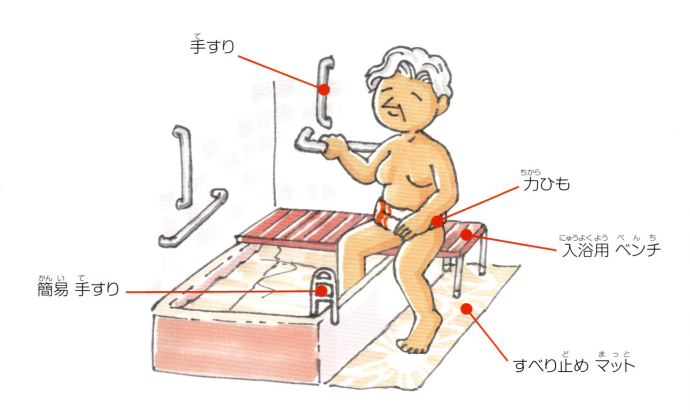

● リフト浴

リフトは 手動式・水圧式・電動式が ある。

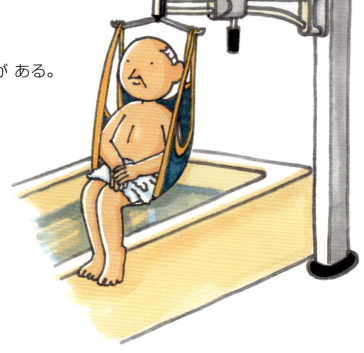

🔵 シャワー浴

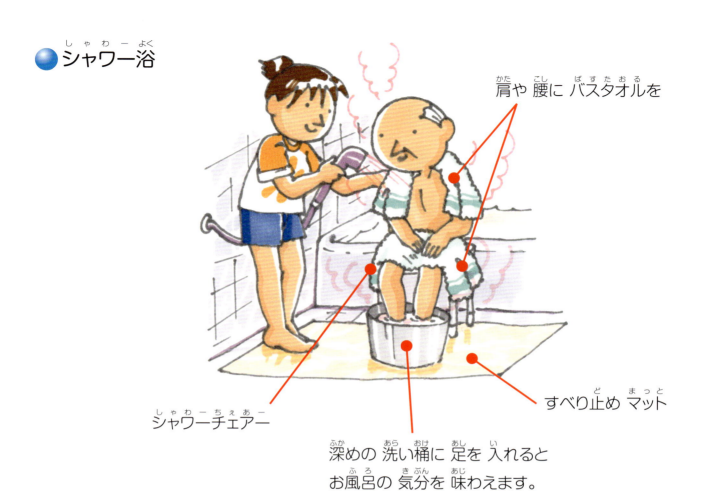

- 肩や腰にバスタオルを
- シャワーチェアー
- 深めの洗い桶に足を入れるとお風呂の気分を味わえます。
- すべり止めマット

🔵 風呂場を使わないでポータブル浴そうを使う場合

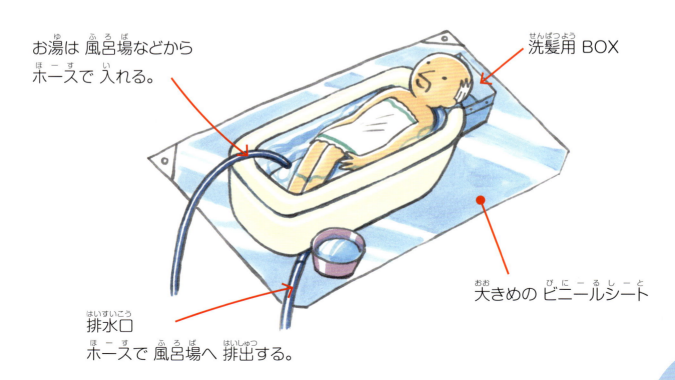

- お湯は風呂場などからホースで入れる。
- 洗髪用BOX
- 排水口　ホースで風呂場へ排出する。
- 大きめのビニールシート

食事のお世話

食べる時のポイント9か条

① 楽しい ムード作りをしましょう。
できるだけ 家族と 一緒に 食べましょう。

② 上半身を 起こして、手づかみでも
いいので 自分で 食べましょう。

③ 水ものと 交互に 食べると
飲み込みやすくなります。
　※水ものを とりすぎると、食事量が 減るので
　　気をつけましょう。

④ むせたり、のどに 詰めすぎないように
ゆっくりと 食べましょう。
　※一回に 口に 入れる 量は、大スプーン
　　一杯くらいが 目安

❺ 色合い、形や 雰囲気を 変えたりして
食欲を そそる 工夫を。

❻ すくいやすい 食器の 工夫を。

❼ 汁物には とろみを つけて。
汁物は むせやすいので、
少し とろみを つけると 良い。

❽ 季節の 香りを 添えたりして
食欲を そそる 工夫を。

❾ どうしても 食欲がない時は、栄養よりも
まず 好きなものを。口当たりの 良いものを
一品 添えてみたり。

※茶碗蒸し・プリン・ヨーグルト・アイスクリーム・
　ゼリー、いろいろな 食品を ゼラチン・寒天で 固めたもの など

食事のお世話

座って自分で食べられる場合

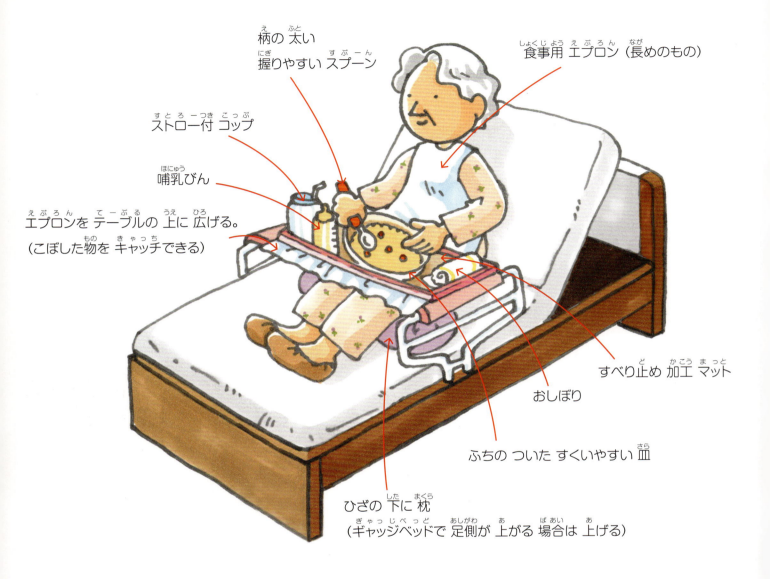

- 柄の太い 握りやすい スプーン
- ストロー付 コップ
- 哺乳びん
- エプロンをテーブルの上に広げる。(こぼした物をキャッチできる)
- 食事用エプロン（長めのもの）
- すべり止め加工マット
- おしぼり
- ふちのついた すくいやすい皿
- ひざの下に枕（ギャッジベッドで足側が上がる場合は上げる）

● やや前かがみの姿勢で食べた方がいい。
　（ギャッジベッドを活用しましょう）

● まひなどがある場合は、自助具を積極的に使う。
　（福祉用具のお店にたくさん食事用自助具がそろっています）

● 手づかみで食べたって良いのです！
　（自分で食べるのが一番！）

60

● 市販されている 自助具

・こぼれない コップ

・飲みやすい コップ
（吸い呑み コップ）

・傾斜底 皿

どちらも すくいやすい

・吸呑器 ホルダー付
（昔から よく 使われている タイプ）

・二段底 便利 皿

・曲がり スプーン

・ナイフフォーク
（右手用、左手用）

・面ファスナーで とめる。握力の ない 人に 最適。
曲がる ハンドルと 合わせて 使うと 便利。

・すべり止め 加工 マット付 おぼん

・曲がる ハンドル
スプーンや フォークの 柄を 自由に 曲げられる。

食事のお世話

自分で食べられない人

① 頭を 高くして、顔を 横に 向ける。

② きちんと 飲み込んだことを 確かめて、声を かけながら 食べてもらう。

③ 食後は、お茶や 水を 飲ませたり、うがいを させたりして 口の 中を きれいにする。

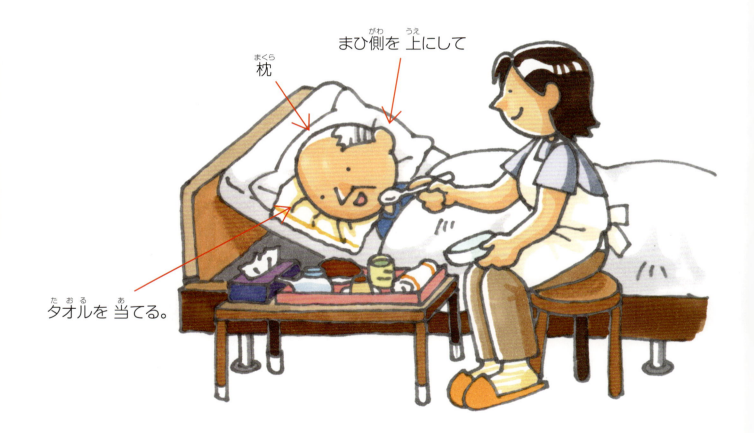

まひ側を 上にして
枕
タオルを 当てる。

まひの ある側の 頰の 内側に 食べものの かすが たまることが あるので、きちんと チェックして 除いておくようにする。

食後の 口腔 ケアは、歯科医師や、歯科衛生士、訪問看護士に 相談する。

口から食べられない人　これは特殊な処置。

● 経鼻カテーテルによる経管栄養

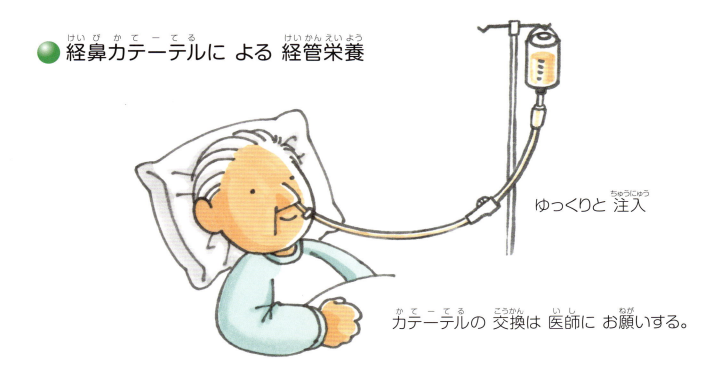

ゆっくりと注入

カテーテルの交換は医師にお願いする。

● 胃ろう形成による経管栄養

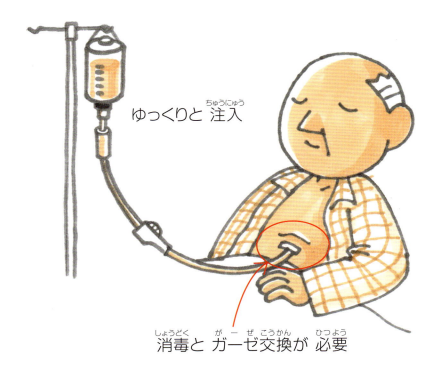

ゆっくりと注入

消毒とガーゼ交換が必要

どちらも口腔ケアが必要（唾液による誤嚥性肺炎予防のため）

床ずれの予防とお世話

| 床ずれとは | 床ずれは 褥瘡とも いう。できてしまったら 治りにくいので 予防が 大切！ |

❶ 床ずれは、どうして できるのか？

- 血行が 悪くなると できやすい。
- 皮膚が 不潔になったり、摩擦が 起きることに よって できる。
- ギャッジベッドでの 背上げ時、骨格と 皮膚との 間で 生じる ずれに よって できる。
- 全身の 栄養状態が 悪くなると できやすい。

❷ 床ずれの できやすい 場所

- あおむけに 寝ている 場合

- 横向きに 寝ている 場合

❸ 床ずれ 予防の 用具

ビーズマット

ムートンマット

電動 エアーマット

● 床ずれの 進み方

Ⅰ度　→　Ⅱ度　→　Ⅲ度　→　Ⅳ度

表皮
真皮
皮下組織
筋肉・腱
骨・関節

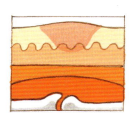 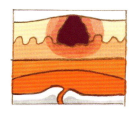 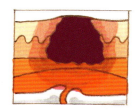 

● 床ずれが できて しまったら

1. 清潔な ガーゼを 当てて、医師に 相談する。
2. 圧迫を さける。
3. 清潔にする。（入浴を すすめる）
4. 栄養を きちんと 考えて とらせる。（蛋白質を 積極的に）

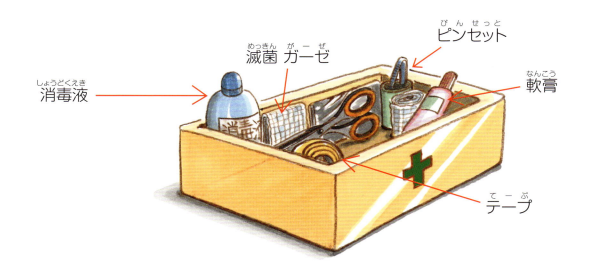

消毒液　滅菌ガーゼ　ピンセット　軟膏　テープ

■アドバイス

● 手当ての 用具に ついて

消毒時、アルコールは 刺激が 強いので 使用は さけること。また、床ずれ用の 治療剤、ドレッシング材、軟膏等は 医師に 相談してから、使いましょう。

※消毒等の 医療処置は、医師や 看護職員が 行います。

介護する人される人

> 腰痛、肩こりを防ごう

① 介護の 基本姿勢は 足を 開いて 腰を 落とし、お年寄りの 体に 近づいて。

② 重い 物を 持ち上げる時は

※まず しゃがんで 物を 体に 近づけて 持ち、膝を 伸ばして 立ち上がる。

③ 立ち仕事の時は 片足を 低い 台に 乗せると 腰が 楽になる。
（左右 交互にする）

④ ときどき 腰を リラックス
20〜30分くらい、仕事の 合間に。

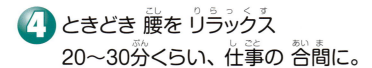

⑤ 腰痛がある 場合は
寝る時は 横向きで、膝を 曲げると 楽。
（ふとんは 堅めの 方が 良い）

⑥ 体操をする

①大きく ゆっくり 首を まわす。

②息を いっぱい 吸いながら 両肩を 上げ、ストンと 脱力。

③頭の 後ろで 手を 組み、肘を 張りながら 息を 吸い、ゆっくりと 吐きながら 頭と 手を 下げる。

④前後屈 運動

⑤伸び

⑥膝 かかえ

⑦へそ のぞき

⑧左右に 腰ひねり

※①〜③は、主として 肩こり 予防。④〜⑧は 主として 腰痛 予防です。

介護する人される人

上手に介護するためのポイント

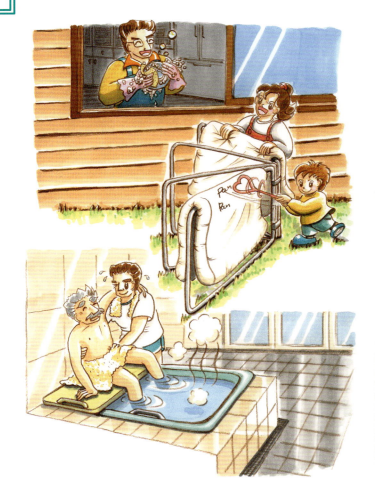

① 家族全員で、家事や介護を分担する。

② 入浴など力仕事は、男性の協力が必要。

③ 週間計画を立て、お世話を分けてすると良い。

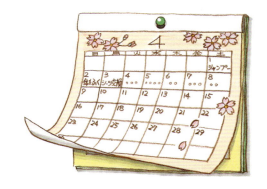

④ 定期検診を受け、具合の悪い時はすぐ受診する。

⑤ 趣味で 気分転換をする。

⑥ 困ったら 一人で 悩まず 気軽に 相談する。
・在宅 介護 支援センター
・居宅 介護 支援 事業所
・保健師
（市町村 役場・保健センターに 勤務） など

⑦ 疲れたら 休養をとる。

やさしさ ワンポイント

●すぐに 来てくれて 何でも 相談に のってくれる かかりつけの 医師を 決めておきましょう。

まさかの時のために

在宅死を看取る介護

いくら手厚いお世話をしても、人の命には限りがあります。前もって覚悟はしていても、その場に直面すると何をしていいのか戸惑うものです。死を迎える本人も、送る側も、できるだけ悔いのない、安らかな状態で終末期を過ごせるようにと願いたいものです。

次第に状態が悪くなってきても、お年寄りが希望し、医師も応じてくれれば、家庭で死を看取ることができます。お年寄りにとっては、住み慣れた家で親しい人たちに囲まれて最期を迎えられるという、ある意味での幸福感があり、大部分の方が眠るように、穏やかに死を迎えておられます。また介護者の方も、ほとんどの方が、家庭で看取ることができたという満足感を得られておられます。死に直面したお年寄りは、少なからず死に対する不安を抱いているものと思われます。必ず誰かがそばに付き添い、手をとって、最期まで耳もとで静かに語りかけましょう。応答は無くてもかまいません。お年寄りの心が少しでも穏やかになるものと思われます。

意識がもうろうとして飲み込みが悪くなったら、無理に水などは与えず、義歯ははずして水に浸しておきます（窒息予防）。意識がないように見えても耳は聞こえていることが多いので、お年寄りの悲しむような言葉や態度は決してしないように心掛けましょう。

危篤、臨終に際してすべきこと

- 親類や、親しい友人などに手際よく連絡します。
  （特に会いたがっていた人がいれば、意識がまだはっきりしているうちに会うことができるように、早めに連絡できるように努めましょう）
- 呼吸に変化があったり、脈が触れにくくなるなど容体の変化があれば、かかりつけの医師に連絡します。
- 医師が着く前に呼吸が止まったら、その時刻を記録しておきます。
- 医師に死亡の確認をしてもらい、死亡診断書をお願いします。
- 医師によって死亡が確認されたら、口唇を水で潤します。"末期の水"です。
  （割り箸の先に綿を巻き付けたものか、真新しい筆の先を茶碗の水に浸し、故人の口唇を軽く潤します。肉親、近親者、友人の順に行います）
- 死後硬直がこないうちに、死後の手当てをして遺体を清めます。
  （死後硬直は死後2～3時間ぐらいから始まり、あご、首、手、足とだんだん下方へ進みます）

※死後の手当ては葬儀社にしてもらうこともできますが、家族の手で身じまいをきれいにしてあげた方が何よりですし、入棺の時に人前で身体を見せなくてすみます。

★自宅で最期を看取る場合は、その旨を必ず親類に知らせ、後でトラブルが生じないようにしておきましょう。

死後の手当ての手順

(1) 下腹部を圧迫して尿、便を出し、お湯を使ってきれいに拭き取り、肛門に割り箸で綿を詰める。

(2) 脱脂綿にアルコールをつけて（なければお湯でよい）全身を拭く。床ずれなどの傷があれば、当てているガーゼをきれいなものに取り替える。

(3) おむつを当て、カバーも付け、新しい下着、愛用の着物を着せる（打ち合わせは左前、ひもはたて結びにする）。

(4) 口に割り箸で綿を詰め、義歯を入れる（頬の内側に綿を入れると、ふっくらとして見える）。鼻、耳にも割り箸で綿を詰める。目が開いている場合は、綿を薄くして上まぶたの下にいれて閉じると良い。

(5) 整髪（乱れた髪もアルコールで拭いてクシでとかすときれいになる）、男性ならひげそり（傷つけないように慎重に）、女性なら薄化粧（おしろい、まゆ、口紅など）をする。

(6) 爪を切り、手は胸の前で組む。はずれる場合は手首を包帯で結び、硬くなったらはずす。

(7) 高い枕をすると口が閉じる。閉じにくい場合はタオルを丸めてあごの下に入れる。それでも開く場合は包帯であごから頭頂にかけて結び、硬くなったらはずす。

(8) 白い布を顔にかける。

★近所に知らせるのは、遺体を整えてからで良いでしょう。

死後の手続き

● 葬儀社、寺（または教会）に連絡して、葬式の日時などの段取りを決めます。

※葬儀社は24時間営業しており、ほとんどの準備、手配を引き受けてくれます。

もし死後の手当てもお願いする場合は、入棺の時に人前で身体を見せないような配慮を頼んでおきましょう。

● 死亡診断書、死亡届（1枚の用紙に両方が付いています）を役所に提出し、火葬許可証をもらいます。

メモ

本人の生年月日

医師の電話番号

連絡すべき人の電話番号

葬儀社の電話番号

寺（教会）の電話番号

★写真（本人が気に入っているもの）を用意しておきましょう。

外国人にもわかりやすい
イラストだから2時間で学べる 日本の介護

2019年2月27日 第1版第1刷

編　　著／株式会社 穴吹カレッジサービス
監　　修／西原　和代・阿部　美知子
発　行　所／株式会社 ウイネット
　　　　　　代表者　猪俣　昇
　　　　　　新潟市中央区弁天3-2-20 弁天501ビル
　　　　　　〒950-0901　TEL025-246-9172
発　売　所／株式会社 星雲社
　　　　　　東京都文京区水道1-3-30
　　　　　　〒112-0005　TEL03-3868-3275
印　　刷／株式会社 新潟印刷

©anabuki2019　Printed in Japan
ISBN978-4-434-25719-3　C3036

● 本書の全部あるいは一部について、株式会社ウイネットから文書による許諾を得ずに、いかなる方法においても無断で複写、複製することは禁じられております。無断複製、転載は、損害賠償、著作権法の罰則の対象になることがあります。
● 本書に記載されている会社名、商品名などは、各社の商標もしくは登録商標です。本文中には、TM、R等は記載してないものもあります。
● 本書に関してお気づきの点やご質問等がございましたら、電子メール（info@wenet-inc.com）にてお送りください。なお、本書の範囲を超えるご質問に関しましては、お答えできませんので、予めご了承ください。
● 落丁本・乱丁本はお取替えいたします。